AF309150

RECITS
DES GRANDS JOURS
DE L'HISTOIRE
DIRECTEUR PAUL GAULOT

15 c.mes le volume

LA
Conspiration
DE
BABEUF
PAR
Antoine Fantin-Désodoards

N° 42

Il paraît un volume chaque Semaine

HENRI GAUTIER éditeur 55 quai des Grands Augustins PARIS

Récits des Grands Jours de l'Histoire

Directeur : Paul GAULOT

CONDITIONS DE VENTE :

DANS NOS BUREAUX
ET CHEZ LES LIBRAIRES
Le volume : **15 centimes**

Rendu franco par la poste
1 volume 20 c. | 2 volumes 35 c.
25 volumes 4 fr.

Écrire à M. Henri GAUTIER, éditeur, 55, *quai des Grands-Augustins*

PARIS

Il paraît un volume par semaine.

Chaque volume se compose de 28 grandes pages, de format in-12 jésus, sous couverture en couleurs, simili-aquarelle. Imprimés sur beau papier vélin vergé, en caractères elzéviriens, ces volumes sont ornés de frontispices, culs-de-lampe, cabochons, *gravures hors-texte,* reproduisant les œuvres les plus célèbres des grands peintres.

VOLUMES EN VENTE

La Conspiration de Babeuf

PAR

ANTOINE FANTIN-DÉSODOARDS

I

Conjuration de Floréal. — Principes des Conspirateurs. Lettre de Babeuf (1)

Les partisans de la Constitution de 1793, écrasés le premier Prairial, an III, lorsqu'ils se croyaient au moment d'être les maîtres de la France, ne s'étaient réunis au Gouvernement, en vendémiaire, que dans l'espoir que le Directoire, attaché à eux par les liens de la reconnaissance, leur confierait toutes les principales places, qu'il se servirait de leur influence pour écraser la nouvelle organisation qui s'établissait, et qu'il ferait prévaloir leur système.

La circonstance dans laquelle le Directoire prit possession de l'autorité que lui donnait l'acte constitutionnel était singulièrement épineuse. Depuis plusieurs mois, les dépositaires d'un pouvoir qui allait cesser ne voyaient que le jour présent et léguaient tous les embarras de l'avenir au régime constitutionnel. Le trésor public épuisé, les fortunes particulières chancelantes, quelques armées désorganisées et repoussées par les ennemis, les fauteurs de l'ancien régime triomphants, les assassinats d'un grand nombre d'hommes impunis, annonçaient le rétablissement d'une

An 1795
27
octobre

(1) Extrait de l'*Histoire de la République Française*, depuis la séparation de la Convention nationale jusqu'à la conclusion de la paix entre la France et l'Empereur, par Antoine Fantin-Désodoards, citoyen français. Paris, an VI.

[1]

terreur en sens inverse. Malheur au pays où les forfaits sont punis par des forfaits, où, sans consulter la loi, on extermine les hommes au nom de la nature.

« Il fallait, dit un écrivain de ce temps (1), arrêter tout court ce dépérissement politique, et que le Directoire repoussât le funeste héritage de la déconsidération conventionnelle. »

Le treize vendémiaire (2) avait égaré plusieurs hommes estimables ; d'autres, frappés d'apathie, n'aimaient pas à se voir placés entre deux partis ; une troisième et nombreuse classe d'hommes s'était retirée, esclave de ce qu'on appelait alors l'opinion publique.

On ne se fait pas une juste idée de l'influence et de la nature de l'opinion publique, de cette force morale qui entraîne les hommes. Il faut, pour l'apprécier, l'avoir étudiée dans les sections de Paris, à la barre de la Convention, au sein des Assemblées primaires, réclamant à la fois et en violant toutes les formes, sans cesse injuste dans son impatience, mais toujours de bonne foi dans ses vues, ne s'avouant jamais sa fougueuse et tyrannique inconséquence, abusant des institutions qu'elle éprouvait, et foulant aux pieds les lois qu'elle avait exigées. Puissance arbitraire et mystérieuse, elle a sans cesse un but louable et le dépasse toujours ; ennemie implacable des moyens qui la gênent, elle se rend l'instrument docile de celui qui la flatte, fût-ce même pour l'entraîner dans le sens le plus opposé à ses intentions. Elle croit juste tout ce qu'elle ordonne, comme si c'était la volonté générale, et l'exécute avec violence, comme si elle n'était que la volonté d'une faction. Elle se plaint comme si on l'opprimait, et menace comme si elle était toute puissante ; elle abjure ses amis lorsqu'en la servant ils cherchent à la contenir ; variable à l'excès, un rien la forme, un rien la fait pencher vers les partis les plus opposés.

Diriger l'opinion publique sans gêner la volonté générale des citoyens, c'est la tâche la plus difficile et cependant la plus essentielle d'un Gouvernement républicain. Les circonstances augmentaient cette difficulté, lorsqu'il s'agissait d'engrener les ressorts de la Constitution.

Il fallait employer des esprits ardents, qu'il pouvait être

(1) *De la force du Gouvernement actuel de la France et de la nécessité de s'y rallier*, par Benjamin Constant.

(2) Voir le n° 26 des *Récits des Grands Jours de l'Histoire*.

[2]

nécessaire de contenir, mais qu'il ne fût pas besoin de pousser, sur lesquels le Directoire pût se reposer sur les opinions qui ne se commandent pas, et dont il n'eût à craindre que l'exagération, qu'on réprime. On se servit des Jacobins ; mais le Directoire, qui se méfiait de leurs intentions, les surveillait avec soin ; quelques-uns même furent bientôt dépouillés des places qu'ils occupaient.

Trompés dans leur attente, les désorganisateurs résolurent d'employer la force. Le plus vaste complot fut ourdi avec tant d'art, que malgré l'étendue de ses ramifications, les agents destinés à le faire réussir ne connaissaient pas eux-mêmes les chefs du parti qui les mettaient en œuvre. Un jeune homme nommé Babeuf, qui, dans toute cette intrigue joua le rôle principal, n'était que l'agent obscur et secondaire d'une faction dont peut-être il ignorait lui-même une patrie des secrets. Quelle faction ! Est-il donc des hommes tigres qui, trouvant une inconcevable volupté dans le malheur de leurs semblables, ne se plaisent qu'à verser le sang humain ? Cette idée, que pourraient justifier les crimes commis dans la Révolution, n'est pas dans la nature ; mais il est d'expérience que le joug salutaire des lois est insupportable à ceux qui, l'ayant brisé, trouvent leur avantage particulier dans les convulsions de l'anarchie. Accoutumés à tout braver dans les temps d'orage, tout gouvernement régulier leur est à charge ; semblables à ces tourbillons de vent qui, dans un violent incendie, rallument sans cesse les flammes dévorantes que des mains généreuses s'efforcent d'éteindre.

Il importait aux desseins des conspirateurs qu'ils fussent favorisés par un homme dont le nom était cher aux républicains. Ils choisirent *Drouet*, très propre par son enthousiasme et par son ignorance au rôle de Séïd qu'ils lui destinaient.

[Arrêtons-nous quelques instants sur les principaux personnages qui se mirent à la tête de la conspiration.

D'abord, le chef, Babeuf.

Né à Saint-Quentin en 1762, François-Noël Babeuf commença par être arpenteur, commissaire à terrier, puis administrateur du district de Montdidier (Somme). Il fut alors accusé du crime de faux et condamné par contumace à vingt ans de fers. Plus tard, il obtint la cassation de cet arrêt pour défaut de formes. C'était là un acquittement légal qui laissait suspecte sa probité, et dont il subit la suspicion toute sa vie.

Fut-ce l'irritation d'un homme vraiment innocent et injustement soupçonné, fut-ce le désir d'un criminel échappé à la vindicte des lois d'échapper aussi aux conséquences d'un acte coupable bien qu'impuni, toujours est-il que Babeuf manifesta contre la société une haine profonde. « Il se trouvait, dit Barras, dans la position des hommes dont parle l'historien de Catilina, qui ont besoin de nouveauté pour réparer leurs affaires ; en un mot, de ces individus qui espèrent conquérir l'oubli d'un passé fâcheux au milieu des désordres d'un bouleversement général. »

Après la chute de Robespierre, il publia un écrit périodique intitulé *le Tribun du Peuple*, qu'il signa du nom de *Gracchus Babeuf*, indiquant par là son ambition de jouer le rôle des célèbres tribuns romains (1) et d'imiter leur dévouement à la cause populaire.

Il avait également fondé un club au Panthéon, et il enflammait, par son ardeur exaltée et ses prédictions sur le règne prochain du « bonheur commun », une foule de gens du peuple, d'ouvriers, de malchanceux, à qui la Révolution avait ouvert les plus récentes perspectives et qui, maintenant, sans travail, sans pain, attendaient d'un nouveau flatteur la réalisation des espérances déçues.

Il trouva naturellement des adhérents parmi tout le vieux personnel jacobin, les officiers destitués, les conventionnels laissés de côté, les anciens membres des comités révolutionnaires, les canonniers des sections, tous ceux en un mot, qui avaient, pendant les troubles, joué un rôle et qui regrettaient le temps perdu du pouvoir et de la vie facile.

On évalue à dix-sept mille le nombre des conjurés qui entrèrent dans son association.

Après Babeuf, Drouet était un des plus connus. C'était ce maître de poste de Sainte-Menehould, qui avait reconnu au passage Louis XVI s'enfuyant de Paris, le 21 juin 1791, et gagnant par des chemins détournés Varennes, où il fit arrêter la famille royale.

Mis en lumière par cet événement, il avait été élu député à la Convention nationale. Envoyé en mission à l'armée du Nord, en 1793, il avait été fait prisonnier par les Autrichiens et enfermé dans la forteresse du Spielberg. Il avait tenté vainement de s'échapper ; il n'avait recouvré la liberté qu'en 1795, ayant été compris dans l'échange convenu entre le Gouvernement français et le Gouvernement autri-

____

(1) On trouvera dans un prochain numéro l'histoire de la tentative des Gracques·

GRACCHUS BABEUF

Dessin et gravure de Bonneville (Collection du Cabinet des Estampes)

chien pour la libération de Marie-Thérèse, fille de Louis XVI.
Ces aventures n'avaient en rien assagi son caractère ni
diminué son exaltation révolutionnaire.

Il retrouvait dans la conspiration ses collègues à la
Convention : Ricord, Vadier, Amar ; le général Rossignol,
démagogue créé général, et qui n'avait montré dans la
guerre de Vendée que sa cruauté, son incapacité et son
avidité à s'enrichir par la concussion la plus éhontée ;
Antonelle, ancien juré du Tribunal révolutionnaire de
sinistre mémoire ; Charles, Buonarotti, Darthé, ex-secré-
taire de Joseph Le Bon, le terroriste d'Arras, etc.

Une telle association ne put rester complètement ignorée ;
le Directoire, informé vaguement de menées révolutionnaires, commença par fermer le club du Panthéon. Mais
cette mesure ne fit qu'exciter les conspirateurs à exécuter
leurs terribles projets.

Le mot d'ordre de Gracchus Babeuf était de « proscrire
tous les impurs, de livrer les riches aux pauvres, et d'opérer
la délivrance du peuple. » Grands mots qui cachaient des
convoitises vulgaires et pouvaient se traduire par le vol et
le pillage.

La conspiration devait éclater le 20 floréal (11 mai). An 1796
11 mai
Un comité d'insurrection, établi pour diriger le mouvement, s'assemblait sous le nom de Directoire secret de salut
public. Il correspondait avec des agents révolutionnaires
placés dans les différents quartiers de la commune de
Paris, partagée par eux en douze arrondissements. Ces
agents rendaient compte au Directoire secret de salut public
des dépôts et magasins de subsistances, d'armes et de
munitions qui pouvaient exister dans chaque arrondisse-
ment, des ateliers qui s'y trouvaient, du nombre des ouvriers,
du genre de leurs travaux et de leurs opinions ; ils étaient
chargés de faire un recensement des patriotes aisés, qui
pouvaient donner l'hospitalité aux frères des départements
qu'on faisait venir à Paris pour aider les Parisiens à renverser le trône des tyrans ; ils devaient engager les mêmes
patriotes à fournir une contribution volontaire pour couvrir
les frais de l'insurrection, et fournir la liste des espions de
la police dont on pouvait s'aider. Il leur était enjoint d'or-
ganiser des compagnies de groupeurs, qui devaient se
rendre journellement dans le jardin des Tuileries, et sur les
autres points où se rassemble le peuple, pour répéter les
numéros les plus récents des journaux populaires ; on les

exhortait à se mêler eux-mêmes dans les rassemblements, à diriger et échauffer l'esprit public. Les agents des arrondissements fournissaient ces instructions et transmettaient leurs réponses par le moyen d'intermédiaires : ils ne connaissaient pas les membres de l'autorité supérieure avec laquelle ils correspondaient.

Une partie des principes de la Constitution se trouve expliquée dans la lettre de Babeuf à Joseph Bodson, inventoriée par le ministre de la Police, insérée dans la collection des pièces trouvées chez ce conspirateur.

« Je ne suis pas surpris, écrit-il à son ami, que ma conduite ne présente une certaine nuance de variations. Mon opinion n'a jamais varié sur les principes, mais elle a changé sur les hommes ; je confesse que je m'en veux aujourd'hui d'avoir vu autrefois en noir *Robespierre, Saint-Just*, etc., et leur gouvernement révolutionnaire.

« Je pense aujourd'hui que leur gouvernement était le meilleur pour une révolution ! Tout ce qui s'est passé depuis que ni ces hommes, ni ce gouvernement ne sont plus justifie mon assertion. Je ne pense pas, comme toi, qu'ils aient commis de si grands crimes et fait périr de bons républicains : la réaction thermidorienne leur fut bien plus fatale. Je n'examine pas si *Hébert* et *Chaumette* étaient innocents ; quand cela serait, je justifie encore *Robespierre*. Ce dernier pouvait, à bon droit, avoir l'orgueil d'être le seul capable de conduire à son vrai but le char de la Révolution.

« Des brouillons, des hommes à demi-moyens, selon lui, et peut-être selon la réalité, avides de gloire et remplis de présomption, peuvent avoir été aperçus par notre Robespierre avec la volonté de lui disputer la direction du char. Alors celui qui devait avoir l'initiative a dû voir que tous ces ridicules rivaux, même avec de bonnes intentions, gâteraient tout. Je suppose qu'il eût dit : « Jetons sous l'éteignoir ces farfadets importuns et leurs bonnes intentions » ; mon opinion est qu'il fit bien. Le salut de vingt-cinq millions d'hommes ne doit pas être balancé contre des ménagements envers quelques individus équivoques. Un régénérateur doit voir en grand, son devoir est de faucher tout ce qui le gêne, tout ce qui obstrue son passage, tout ce qui peut nuire à sa prompte arrivée au terme : fripons, imbéciles, présomptueux, c'est égal : tant pis pour eux, pourquoi se trouvaient-ils là ? Tel était le principe de *Robespierre*, c'est ce qui décèle en lui le génie régénérateur. Il est vrai que ce principe pouvait nous écraser toi et moi ; mais le bonheur commun devait être la suite de son exécution rigoureuse.

« Il est essentiel d'évoquer la cendre et les principes de Robespierre et de Saint-Just pour étayer notre doctrine. D'abord nous ne faisons que rendre hommage à une grande vérité, sans laquelle nous serions trop au-dessous d'une équitable modestie. Cette vérité est que nous ne sommes que les seconds *Gracques* de la Révolution française.

« N'est-il pas encore utile de montrer que nous n'innovons rien, que nous ne faisons que nous succéder aux généreux défenseurs du peuple, qui avaient marqué, avant nous, le but de justice et de bonheur auquel le peuple a le droit de prétendre. D'ailleurs réveiller *Robespierre*, c'est réveiller tous les patriotes énergiques de la République, et avec eux, le peuple qui longtemps n'écouta, ne suivit qu'eux.

« Ils sont nuls, et pour ainsi dire morts, ces patriotes énergiques, ces premiers disciples de celui qui fonda chez nous la liberté ; l'injuste diffamation qui pèse sur la mémoire de *Robespierre*, cause cette stupeur. Rendez-lui sa gloire légitime, tous ses disciples relèvent la tête et bientôt ils triomphent. Le Robespierrisme, qui atterra toutes les factions, ne ressemble à aucune d'elles. Il n'est ni factice, ni limité ; le Robespierrisme est la démocratie, ces deux mots sont identiques ; en relevant l'un, vous relevez l'autre. »

II

Suite de la Conspiration de Floréal. Les conspirateurs sont arrêtés, leurs papiers saisis chez Babeuf.

Le projet des conspirateurs était d'égorger une partie des députés, le Directoire entier, les ministres, les autorités constituées de Paris, et de proclamer la Constitution de 1793 (1), au milieu du pillage général de la capitale. Une

(1) La Constitution de 1793 n'avait jamais été mise en vigueur. Elle établissait le suffrage universel, en faisant électeurs tous les citoyens français, âgés de 21 ans et domiciliés depuis six mois dans le canton. Le pouvoir législatif appartenait à une assemblée unique, renouvelée tous les ans ; il y avait un député par 40.000 âmes. Les décrets de l'Assemblée étaient soumis à la ratification des électeurs. Le pouvoir exécutif était confié à un conseil de 24 membres, choisis parmi les candidats désignés par une élection à deux degrés. — Cette Constitution définissait la propriété de tout homme, le fruit de son travail, et déclarait que la Société doit la

proclamation aux armées avait été préparée pour justifier cette mesure. Le Directoire secret de salut public s'était procuré un état détaillé du domicile, non seulement des fonctionnaires publics, mais de tous les individus regardés comme contre-révolutionnaires, et qui devaient être immolés dans le même jour. Une proclamation adressée aux habitants de Paris devait préluder aux massacres.

On se proposait de porter le coup avec une rapidité étonnante. Le signal en eût été donné par la police elle-même : c'était le bruit de la clochette employée dans chaque section pour ordonner le balayage des rues ; à ce signal, les conjurés devaient se former en bandes peu nombreuses, se porter dans chaque maison qui leur était désignée, y poignarder les députés, les fonctionnaires publics, et les autres citoyens dont ils avaient la liste. Après ce premier massacre, toutes ces petites troupes se seraient réunies en masse imposante pour marcher sur le Directoire. Ces pelotons devaient être joints par quinze cents déserteurs de plusieurs corps, et surtout de la légion de police, qui fut supprimée quelques jours après, par une multitude d'amnistiés rassemblés des provinces et par les débris des armées révolutionnaires.

On assure que les conjurés s'étaient procuré plusieurs pièces de canon et des boulets. Il ne fallait pas des forces aussi considérables pour se rendre maître du Luxembourg défendu par une garde peu nombreuse.

Cet infernal projet fut découvert la veille de son exécution par le rapport d'un particulier qui n'avait feint pour les conjurés un zèle à toute épreuve, que pour dévoiler au ministre de la police la trame dont il avait connaissance : mais telle était la défiance des conspirateurs, qu'admis assez avant dans leur secret, il ne sut jamais le nom de ceux qui composaient le comité insurrecteur, quoique chargé plusieurs fois d'en exécuter les ordres. On trouva dans le logement occupé par Babeuf toutes les pièces de conviction ; quelques-unes furent rendues publiques par des affiches ; les autres, imprimées par ordre du gouvernement, forment deux volumes in-8º assez considérables.

Je ne crois devoir consigner ici que l'acte d'insurrection dans lequel toutes les vues des conspirateurs sont ouvertement indiquées :

<hr>

subsistance aux citoyens malheureux, soit en leur procurant du travail, soit en assurant les moyens d'exister à ceux qui sont hors d'état de travailler. Votée par 1.801.918 oui contre 11.910 non, elle ne devait être exécutée qu'à la paix.

« Des démocrates français, considérant que l'oppresssion et la misère du peuple sont à leur comble, que cet état de tyrannie et de malheur est du fait du gouvernement actuel, considérant que les nombreux forfaits des gouvernants ont excité contre eux les plaintes journalières et toujours inutiles des gouvernés ;

« Considérant que la Constitution du peuple, jurée en 1793, fut remise par lui sous la garde de toutes les vertus ; qu'en conséquence, lorsque le peuple entier a perdu tous ses moyens de garantie contre le despotisme, c'est aux vertus les plus courageuses, les plus intrépides, à prendre l'initiative de l'insurrection, et à diriger l'affranchissement de la masse ;

« Considérant que les droits de l'homme, reconnus à la même époque (1793), tracent au peuple entier ou à chacune de ses portions, comme le plus sacré et le plus indispensable de ses devoirs, celui de s'insurger contre le gouvernement qui viole ces droits, et qu'ils prescrivent à chaque homme libre de mettre à l'instant à mort ceux qui usurpent la souveraineté ;

« Considérant qu'une faction conspiratrice a usurpé la souveraineté, en substituant sa volonté particulière à la volonté générale librement et légalement exprimée dans les assemblées primaires de 1793, en imposant au peuple français, sous les auspices des persécutions et de l'assassinat de tous les amis de la liberté, un code exécrable appelé Constitution de 1795, à la place du pacte démocratique qui avait été accepté avec tant d'enthousiasme ;

« Considérant que la Convention nationale n'a jamais été dissoute, qu'elle ne fut que dispersée par la violence d'une faction contre-révolutionnaire, qu'elle existe toujours de droit, qu'elle n'aurait pu être remplacée que par un corps législatif librement élu par le peuple, suivant le mode de la constitution démocratique ;

« Considérant que le code tyrannique de 1795 viole le plus précieux des droits, en ce qu'il établit des distinctions entre les citoyens, leur interdit la faculté de sanctionner les lois, de changer la Constitution, de s'assembler, limite leur liberté dans le choix des agents publics, et ne leur laisse aucune garantie contre l'usurpation des gouvernants ;

« Considérant que les auteurs de cet affreux code se sont maintenus en état de rébellion permanente contre le peuple, qu'ils se sont arrogé, au mépris de sa volonté suprême, l'autorité que la nation seule pouvait leur confier, qu'ils se

[9]

sont créés soit eux-mêmes, soit à l'aide d'une poignée des ennemis du peuple, les uns rois sous un nom déguisé, les autres législateurs indépendants ;

« Considérant que ces oppresseurs, après avoir tout fait pour démoraliser le peuple, après avoir outragé, avili et fait disparaître les attributs et les institutions de la liberté et de la démocratie, après avoir fait égorger les meilleurs amis de la République, rappelé et protégé ses plus atroces ennemis, pillé et épuisé le trésor public, pompé toutes les ressources nationales, totalement discrédité la monnaie républicaine, effectué la plus infâme banqueroute, livré à l'avidité des riches jusqu'aux derniers lambeaux des malheureux, viennent, par un raffinement de tyrannie, ravir au peuple jusqu'au droit de se plaindre ;

« Considérant que tout récemment encore ils ont appelé à eux une foule d'étrangers, et que tous les principaux conspirateurs de l'Europe sont en ce moment à Paris pour consommer le dernier acte de la contre-Révolution, qu'ils viennent de licencier et de traiter indignement ceux des bataillons qui ont eu la vertu de se refuser à les seconder dans leurs atroces desseins contre le peuple ; qu'ils ont osé mettre en jugement ceux des braves soldats qui ont déployé le plus d'énergie contre l'oppression, et qu'ils joignent à cette infamie celle de qualifier d'inspiration royaliste leur généreuse résistance à la volonté des tyrans ;

« Considérant qu'il serait difficile et trop long de suivre complètement la marche populicide de ce gouvernement criminel, dont chaque acte est un délit national, que les preuves de ces forfaits sont tracées en caractères de sang par toute la République, que de tous les départements les cris qui appellent sa répression sont unanimes ; qu'il appartient à la portion des citoyens la plus voisine des oppresseurs, d'attaquer l'oppression, que cette portion est comptable du dépôt de la liberté envers l'Etat entier, et qu'un long silence la rendrait complice de la tyrannie ;

« Considérant enfin que tous les défenseurs de la liberté sont prêts, après s'être constitués en comité insurrecteur de salut public, prennent sur leurs têtes la responsabilité et l'initiative de l'insurrection, et arrêtent ce qui suit :

« Article Premier. — Le peuple est en insurrection contre la tyrannie.

« Art. II. — Le but de l'insurrection est le rétablissement de la Constitution de 1793, de la liberté, de l'égalité et du bonheur de tous.

[10]

« Art. III. — Aujourd'hui, dès l'heure même, les citoyens et citoyennes partiront de tous les points en désordre et sans attendre le mouvement des quartiers voisins, qu'ils feront marcher avec eux. Ils se rallieront au son du tocsin et des trompettes, sous la conduite des patriotes auxquels le comité insurrecteur aura confié des guidons portant l'inscription suivante : « *Constitution de 1793 : Egalité,* « *Liberté, Bonheur commun.* » D'autres guidons porteront ces mots : « *Quand le gouvernement viole les droits du* « *peuple, l'insurrection est pour le peuple et pour chaque* « *portion du peuple le plus sacré et le plus indispensable* « *des devoirs. Ceux qui usurpent la souveraineté doivent* « *être mis à mort par les hommes libres.* » Les généraux du peuple seront distingués par des rubans tricolores, flottant très visiblement autour de leurs chapeaux.

« Art. IV. — Tous les citoyens se rendront avec leurs armes, ou à défaut d'armes, avec tous autres instruments offensifs, sous la seule direction des patriotes ci-dessus, au chef-lieu de leurs arrondissements respectifs.

« Art. V. — Les armes de toute espèce seront enlevées par les insurgés partout où elles se trouvent.

« Art. VI. — Les barrières et le cours de la rivière seront soigneusement gardés ; nul ne pourra sortir de Paris sans un ordre formel et spécial du comité insurrecteur : il n'entrera que les courriers, les porteurs et conducteurs de comestibles, auxquels il sera donné protection et sûreté.

« Art. VII. — Le peuple s'emparera de la Trésorerie nationale, de la Monnaie, de la Poste aux lettres, des maisons des ministres, et de tout magasin public ou privé contenant des vivres et des munitions de guerre.

« Art. VIII. — Le Comité insurrecteur de Salut public donne aux légions sacrées des camps environnant Paris, qui ont juré de mourir pour l'égalité, l'ordre de soutenir partout les efforts du peuple.

« Art. IX. — Les patriotes des départements, réfugiés à Paris, et les braves officiers destitués sont appelés à se distinguer dans cette lutte sacrée.

« Art. X. — La Convention se réunira à l'instant et reprendra ses fonctions.

« Art. XI. — Les deux Conseils et le Directoire, usurpateurs de l'autorité publique, seront dissous. Tous les membres qui les composent seront immédiatement jugés par le peuple.

« Art. XII. — Tout pouvoir cessant devant celui du

peuple, nul prétendu député, membre de l'autorité usur-
patrice, directeur, administrateur, juge, officier, sous-offi-
cier de garde nationale, ou quelque fonctionnaire public
que ce soit, ne pourront exercer aucun acte d'autorité ni
donner aucun ordre : tous ceux qui y contreviendront
seront à l'instant mis à mort. Tout membre du prétendu
Corps Législatif, ou directeur, trouvé dans les rues, sera
arrêté et conduit sur-le-champ à son poste ordinaire. Les
membres de la Convention seront reconnus à un signe
particulier ; ce sera celui d'une enveloppe, en couleur
rouge, autour de la forme du chapeau.

« ART. XIII. — Toute opposition sera vaincue sur-le-
champ par la force. Les opposants seront exterminés.
Seront également mis à mort ceux qui battront ou feront
battre la générale, les étrangers de quelque nation qu'ils
soient qui seront trouvés dans les rues ; tous les présidents,
secrétaires et commandants de la conspiration royale de
vendémiaire, qui oseraient aussi se mettre en évidence.

« ART. XIV. — Il est ordonné à tous envoyés des puis-
sances étrangères, de rester dans leur domicile durant l'insurrection : ils sont sous la sauve-garde du peuple.

« ART. XV. — Des vivres de toute espèce seront portés
au peuple sur les places publiques.

« ART. XVI. — Tous les boulangers sont en réquisition
pour faire continuellement du pain, qui sera distribué
gratis au peuple ; ils seront payés sur leur déclaration.

« ART. XVII. — Le peuple ne prendra de repos qu'après
la destruction du Gouvernement tyrannique.

« ART. XVIII. — Tous les biens des émigrés, des conspirateurs et de tous les ennemis du peuple seront distri-
bués, sans délai, aux défenseurs de la patrie et aux indigents.
Les indigents de toute la République seront immédiatement
logés et meublés dans les maisons des conspirateurs. Les
effets appartenant au peuple déposés au Mont-de-Piété
seront sur-le-champ gratuitement rendus. Le peuple français adopte les épouses et les enfants des braves qui auront
succombé dans cette sainte entreprise ; il les nourrira et les
entretiendra ; il en sera de même à l'égard de leurs pères et
mères, frères et sœurs, à l'existence desquels ils étaient
nécessaires. Les patriotes proscrits et errants dans toute la
République recevront tous les secours convenables, pour
rentrer dans le sein de leurs familles. Ils seront indemnisés
des pertes qu'ils auront souffertes. La guerre contre la
tyrannie intérieure étant celle qui s'oppose le plus à la

paix générale, ceux des braves défenseurs de la liberté qui prouveront avoir concouru à la terminer, seront libres de retourner avec armes et bagages dans leurs foyers ; ils y jouiront, en outre, des récompenses depuis si longtemps promises. Ceux d'entre eux qui voudront continuer de servir la République seront aussi sur-le-champ récompensés d'une manière digne de la générosité d'une grande nation libre.

« ART. XIX. — Les propriétés publiques et particulières sont mises sous la sauvegarde du peuple.

« ART. XX. — Attendu le vide dans le sein de la représentation qui résultera de l'extraction des usurpateurs de l'autorité nationale, et à raison de l'impossibilité actuelle de faire par la voie des Assemblées primaires des choix dignes de la confiance du peuple, la Convention s'adjoindra sur-le-champ un membre par département, pris parmi les démocrates les plus prononcés, et surtout parmi ceux qui auront le plus activement concouru au renversement de la tyrannie. La liste en sera présentée par des délégués de la portion du peuple qui a pris l'initiative de l'insurrection.

« ART. XXI. — Le Comité insurrecteur de Salut public restera en permanence jusqu'à l'accomplissement total de l'insurrection. »

[Le Directoire ne laissa pas aux conjurés le temps de mettre à exécution leurs projets. La fermeture du club du Panthéon avait attiré l'attention sur ceux qui le fréquentaient et la police finit par être instruite de ce que l'on méditait. Les principaux conjurés se réunissaient dans une maison de la rue Bleue ; c'est là que le Directoire résolut de les prendre.

Le 10 mai, l'adjudant-général Blondeau, attaché à la garde du Directoire, accompagné du juge de paix Delorme, cerna la maison et arrêta Babeuf, Ricord, Vadier, Amar, Laignelot, Rossignol, Antonelle, Drouet, etc., etc.

Cette manœuvre hardie décapitait la conspiration, et les comparses semblaient désormais réduits à l'impuissance.]

III

Les accusés sont envoyés devant une Haute Cour Nationale, établie à Vendôme

Toutes les preuves de la conspiration qui servirent de base à la procédure criminelle avaient été trouvées dans

[13]

l'appartement de *Babeuf*. On était saisi de l'acte portant création d'un Directoire insurrecteur, de celui qui établissait des agents civils et militaires, organisait leurs fonctions et leurs rapports avec des intermédiaires, et renfermait leurs principales instructions. Il se trouvait une correspondance suivie du Comité insurrecteur, non seulement avec les agents civils près de douze arrondissements de Paris, et les agents militaires près de l'armée qui campait sous les murs de la capitale, mais avec plusieurs départements. Ces pièces avaient entre elles autant de liaison que si elles eussent été les travaux suivis d'une autorité affermie et jouissant de la force publique. Cependant on n'avait trouvé aucun registre de délibérations ; les pièces n'étaient pas signées ; le nom d'aucun acteur principal, à l'exception de celui de Babeuf, ne se trouvait en évidence. On arrêta Drouet, Chasles, Laignelot, Ricord, Rossignol, Antonelle, Germain, Darthé, secrétaire de Joseph Lebon ; il ne se trouva chez eux aucun papier relatif à cette affaire, et chacun d'eux assurait qu'il y était étranger. Babeuf lui-même, malgré toutes les preuves qui s'élevaient contre lui, niait d'être membre du comité insurrecteur, de sorte que, lorsque le gouvernement avait toutes les preuves d'une conspiration tramée par un grand nombre d'individus, le nom des conspirateurs restait caché sous un voile épais.

Babeuf, soit pour effrayer le gouvernement ou pour rallier les nombreux prosélytes qu'il croyait s'être faits, avait osé, du fond de sa prison, proposer au Directoire de traiter avec lui de puissance à puissance.

[Cette lettre, où se trahissent à la fois l'orgueil du conspirateur et la prudence de l'homme qui cherche à sauver sa tête, mérite d'être reproduite ici :]

Lettre de Babeuf au Directoire.

« Regarderiez-vous au-dessous de vous, citoyens directeurs, de traiter avec moi de puissance à puissance ? Vous avez vu de quelle vaste confiance je suis le centre. Vous avez vu que mon parti peut bien balancer le vôtre, vous avez vu quelles immenses ramifications y tiennent, je suis convaincu que cet aperçu vous a fait trembler.

« Est-il de votre intérêt, est-il de l'intérêt de la patrie, de donner de l'éclat à la conjuration que vous avez découverte ? Je ne le pense pas. Qu'arriverait-il si cette affaire paraissait au grand jour ? Que j'y jouerais le plus glorieux de tous les rôles. J'y démontrerais avec la grandeur d'âme et l'énergie que vous me connaissez, la sainteté de la conspiration dont je n'ai jamais nié d'être membre; sortant de cette route lâche et frayée des dénégations, j'oserais développer les grands principes et plaider la cause éternelle du peuple avec l'avantage que donne l'intime pénétration de la beauté de ce sujet. Je démontrerais que ce procès ne serait pas celui de la justice, mais celui des oppresseurs contre les opprimés, et leurs magnanimes défenseurs. On pourrait me condamner, mais mon échafaud figurerait glorieusement à côté de ceux de Barneveldt et de Sidney.

« Vous avez vu, citoyens directeurs, que vous ne tenez rien lorsque je suis sous votre main, je ne suis qu'un point de la longue chaîne dont la conspiration se compose; vous avez à redouter toutes les autres parties, cependant vous avez la preuve de tout l'intérêt qu'elles prennent à moi. Vous les frapperiez toutes en me frappant, et vous les irriteriez.

« Vous irriteriez toute la démocratie de la République française, et vous savez encore que ce n'est pas si peu de chose que vous aviez pu d'abord l'imaginer. Vous la jugeriez bien mieux, si vos captureurs avaient saisi la grande correspondance qui a formé des nomenclatures dont vous n'avez que des fragments. On a eu beau vouloir comprimer le feu sacré, il brûle et il brûlera. Plus il paraît, dans certains instants, anéanti, plus sa flamme menace de se réveiller subitement, forte et explosive.

« Entreprendriez-vous de vous délivrer de cette vaste secte sans-culottide qui n'est pas vaincue, il faudrait d'abord en supposer la possibilité. Mais où vous trouveriez-vous ensuite ? Vous n'êtes pas tout à fait dans la même position que celui qui déporta après la mort de Cromwell quelques milliers de républicains anglais. Charles II était roi, et quoi qu'on en ait dit, vous ne l'êtes pas encore. Vous avez besoin d'un parti pour vous soutenir, vous ne pouvez détruire les patriotes sans être vis-à-vis du royalisme. Quel chemin croyez-vous qu'il vous ferait voir si vous étiez seul contre lui ?

« Les patriotes, direz-vous, sont aussi dangereux que les royalistes. Vous vous trompez, ils ne voulaient point de sang, mais seulement vous forcer à confesser que vous avez fait du pouvoir un usage oppressif, et vous le reprendre.

« Moi-même, j'avais expliqué comment il me paraissait

possible que vous fissiez disparaître tout ce que le caractère constitutionnel de votre gouvernement offre de contraste avec les principes républicains. Eh bien ! il en est temps encore, la tournure de ce dernier événement peut devenir salvatrice pour vous-mêmes et pour la chose publique. Mes conclusions sont que votre intérêt et celui de la patrie sont de ne point donner de célébrité à l'affaire présente. Ne croyez pas intéressée la démarche que je fais, la mort ou l'exil seraient pour moi le chemin de l'immortalité. Mais ma proscription n'avancerait pas vos affaires et n'assurerait pas le salut de la République.

« J'ai réfléchi que vous ne fûtes pas constamment les ennemis de la République, vous êtes égarés par l'effet assez inévitable d'exaspérations différentes des nôtres ; pourquoi ne reviendrions-nous pas tous de notre état extrême pour embrasser un terme raisonnable ? La masse du peuple a le cœur ulcéré ; faut-il le déchirer encore plus ? Vous aurez, quand il vous plaira, l'initiative du bien, parce qu'en vous réside toute la force de l'administration publique.

« Citoyens directeurs, gouvernez populairement, voilà tout ce que les patriotes vous demandent. En parlant ainsi pour eux, je suis sûr qu'ils n'interrompront point ma voix, je suis sûr de n'être pas par eux démenti. Cinq hommes, en se montrant grands et généreux, peuvent aujourd'hui sauver la patrie.

« Je vous réponds encore que les patriotes vous couvriront de leurs corps, et vous n'aurez plus besoin d'armées entières pour vous défendre. Les patriotes ne vous haïssent pas ; ils n'ont haï que vos actes impopulaires. Je vous donnerai aussi alors pour mon propre compte une garantie aussi étendue que l'est ma franchise perpétuelle. Vous savez quelle mesure d'influence j'ai sur cette classe d'hommes, je veux dire les patriotes ; je ne l'emploierai qu'à les convaincre que, si vous êtes peuple, ils ne doivent faire qu'un avec vous.

« Il ne serait pas malheureux que l'effet de cette simple lettre fût de pacifier l'intérieur de la France en prévenant l'éclat de l'affaire dont elle est le sujet ; ne préviendrait-on pas en même temps ce qui s'opposerait au calme de l'Europe ?

« Signé : G. BABEUF. »

24 mai

Cette missive fut méprisée comme elle méritait de l'être ; cependant, quelques mouvements se manifestaient dans

[16]

les faubourgs de Paris, le 3 prairial. Des femmes, parmi lesquelles se trouvait la sœur d'un des conjurés détenus, allaient répandant parmi les ouvriers du faubourg Saint-Antoine que leurs frères du faubourg Saint-Marceau étaient debout ; qu'il fallait se lever comme eux pour détruire un gouvernement oppresseur. La même tentative était répétée dans le faubourg Saint-Marceau : « Vos frères du faubourg Saint-Antoine, disait-on aux ouvriers, se lèvent pour écraser la tyrannie : imitez leur dévouement. — Qu'ils marchent seuls ! Nous ne connaissons de tyrans que ceux qui veulent renverser le Gouvernement et la Constitution, massacrer les magistrats et les bons citoyens, et piller la fortune publique. » Telle fut leur réponse.

[Cependant, il était urgent de juger les accusés, mais l'implication dans cette affaire de Drouet, membre du Conseil des Cinq-Cents, exigeait, aux termes de la Constitution, la convocation d'une Haute-Cour Nationale. Elle fut assemblée dans Vendôme par acte du Corps Législatif, et, d'après les principes qu'une procédure criminelle ne ne doit pas être scindée, tous les accusés de conspiration furent traduits devant ce tribunal, à l'exception de Drouet, en faveur duquel il avait été établi, et qui s'était évadé de prison.

Telles furent les lenteurs qu'entraînait cette procédure, que Babeuf ne subit interrogatoire devant le président de la Haute-Cour que le 4 brumaire an V. Nous donnerons ici l'acte d'accusation et une partie des interrogatoires de Babeuf.]

25
octobre

Acte d'accusation

« L'an quatrième, etc., nous, etc., en vertu de l'ordonnance par laquelle il est dit que nous nous transporterions ce jourd'hui, assistés comme ci-après, en la maison où a été arrêté le nommé Babeuf, rue de la Grande-Truanderie, nº 21, pour, en présence du dit Babeuf et du commissaire de police de la division de Brutus, être procédé à la levée des scellés apposés par le dit commissaire de police, et à la perquisition et enlèvement des papiers qui pourraient se trouver sous les dits scellés, et autres opérations énoncées en la dite ordonnance ; nous nous sommes transportés en la dite rue, dans une maison à porte bâtarde. Etant montés au troisième, compris l'entresol, sommes entrés dans la première pièce d'un appartement qu'on nous a dit être loué et occupé par Tessot, tailleur d'habits, où étant, y

[17]

avons trouvé le commissaire de police susdit, Aubri, huissier au tribunal, d'Ossonville, inspecteur général adjoint près le ministère de la Police ; Lesueur, agent d'exécution près le même ministère, ensemble Caius Gracchus Babeuf, pour ce par eux extrait de la maison d'arrêt du Temple, où il est détenu, et amené en l'appartement où nous sommes, à l'effet des susdites opérations, comme étant la maison et appartement où le dit Babeuf a été arrêté ; et, en présence des susnommés, est comparu Jean-François, l'un des gardiens établis à la garde des scellés apposés dans le dit appartement, lesquels ont été reconnus sains et entiers ; 1° sur une porte à deux battants donnant dans une pièce ayant vue sur la rue ; 2° sur la porte à un seul ventau donnant sur un petit cabinet formant entrée dans un autre cabinet dont la porte est à coulisse, et éclairé sur la cour par une seule croisée.

« Les dits scellés levés, sommes entrés d'abord dans cette dernière pièce ; il a été fait une recherche et perquisition exacte des papiers trouvés dans différents cartons à nous successivement représentés par le dit gardien ; il ne s'y est trouvé que des papiers relatifs à l'état-civil et aux intérêts du dit Tessot.

« Ouverture faite d'une caisse en bois de sapin, sans cordes, trouvée dans le dit cabinet, et clouée pour assujettir le couvercle ; la dite caisse a été trouvée remplie d'imprimés format in-8°, ayant pour titre : *Le Comité insurrecteur de Salut public au peuple, acte d'insurrection*, contenant huit pages d'impression, dont nous avons extrait deux exemplaires. Ouverture faite d'un grand sac double, fermé par une simple ficelle, nous y avons trouvé des imprimés semblables à ceux trouvés dans la caisse ci-dessus, duquel sac nous avons retiré un exemplaire. Ouverture faite d'un second sac, y avons trouvé les mêmes imprimés dont il a été extrait un exemplaire ; ensuite, perquisition faite dans les autres pièces, soupentes et armoires ; il ne s'est rien trouvé de relatif à l'objet de nos recherches.

« Perquisition faite dans un petit cabinet en forme de garde-robe, ouvrant dans la susdite pièce où nous sommes ; y avons trouvé des imprimés, savoir : quatorze placards contenant ces mots : *Constitution de 1793, Liberté, Egalité, Bonheur commun*, et les imprimés suivants : *Doit-on obéissance à la Constitution de 1795. — Adresse du Tribun du peuple à l'armée de l'intérieur. — Opinion sur nos deux Constitutions. — Dénonciation d'un Belge. — La rive gauche du Rhin, limite française.* — *Réponse à une lettre signée M. U.* — *Essai sur la justice primitive*, desquels il a été fait un paquet resté en la garde du greffier.

« Lecture faite du présent, etc.

« *Signé* : G. BABEUF. »

*Extrait de l'interrogatoire subi par Babeuf,
le 3 prairial, devant le directeur du jury d'accusation
du canton de Paris.*

D. Reconnaissez-vous la lettre que je vous représente pour être de vous, laquelle est datée du 23 floréal, commençant par ces mots : *Regarderiez-vous au-dessous de vous, citoyens directeurs*, et finissant par ces mots : *ce qui s'opposerait au calme de l'Europe*, avec la signature *J. Babeuf*, et voulez-vous la parapher ?

R. Je la reconnais, je l'ai écrite chez le ministre de la Police pour l'envoyer au Directoire, et je consens de la parapher.

D. A lui représenté une lettre datée du 21 floréal, commençant par ces mots : *Ne mettons pas trop de monde dans le secret*, et finissant par un post-scriptum, contenant une adresse de *Dufour*. A lui demandé si cette lettre est de l'écriture de lui répondant, et s'il veut la parapher.

R. Je reconnais la lettre pour être de mon écriture, et je consens de la parapher...

D. A lui représenté les dix-neuf pièces de la seconde liasse des papiers trouvés dans le même endroit, à lui demandé quelles sont celles qu'il reconnaît pour être de son écriture, et notamment si la douzième n'est pas en partie de son écriture, et en partie de Buonarotti, comme aussi si la sixième n'est pas en partie de l'écriture de Buonarotti.

R. Après avoir examiné les dites pièces, je reconnais pour être de mon écriture le second feuillet de la onzième pièce, parce qu'il m'est arrivé quelquefois de travailler comme copiste dans le comité lorsque je n'étais pas livré à ma principale opération de la direction de l'esprit public. Je connais toutes les autres pièces ainsi que toutes celles du carton, mais toutes ces autres pièces ne sont pas de mon fait. Je n'y ai participé ni moralement ni physiquement...

D. A lui représenté les cent pièces composant la septième liasse, paraphées comme les précédentes, et demandé :

1° quelles sont celles qu'il reconnaît pour être de son écriture ; 2° si les listes qui composent depuis la deuxième inclusivement jusqu'à la dixième, ne sont pas, ainsi que les onzième et douzième pièces, copiées sur des minutes écrites de sa main, ou données par lui.

R. Après avoir examiné toutes les dites pièces, a répondu : « Les, quarantième et quarante-deuxième sont de moi, et ne forment qu'une seule pièce ; c'est le commencement d'un travail non achevé qui n'a point de rapport à l'objet pour lequel on m'interroge, ce qui confirme l'assertion que j'ai déjà donnée plusieurs fois que je m'occupais essentiellement de littérature politique. La trente-neuvième pièce est de moi, ce sont de simples notes non digérées et vagues. La quarante-huitième pièce est copiée par moi, la cinquantième pièce est la minute d'une lettre particulière que j'écrivis le 10 floréal au représentant Drouet pour lui reprocher d'avoir fait des changements à un discours que je lui avais fait et qui devait être imprimé. Cette pièce n'a encore aucun rapport à l'affaire pour laquelle je suis interrogé. J'observe à cet égard que cette pièce hétérogène se trouve aussi confondue avec quantité d'autres pièces relatives à cette même affaire, par un arrangement qui n'est pas de mon fait. L'enliassement de ces pièces n'a pas été fait par moi ; il paraît qu'on les a assemblées pêle et mêle et qu'on les a mélangées lorsqu'on est venu m'arrêter, on prenant ce qui était sur ma table et le mettant dans le carton où étaient les pièces du comité, d'où il résulte que différents écrits littéraires et étrangers à cette affaire se trouvent faire partie des liasses ; les listes n'ont pas été composées par moi. »

D. A lui présenté les 35 pièces cotées, huit paraphées comme les précédentes, et lui ai demandé quelles sont celles écrites de sa main, et si les quinzième, seizième, dix-septième, dix-huitième, dix-neuvième et vingt-sixième ne sont point la minute de l'ouvrage intitulé : *Création d'un Directoire insurrecteur*, écrites de sa main ?

R. Examen fait des dites pièces, a dit : « Ce n'est pas moi qui ai fait l'écrit intitulé, *Création d'un Directoire insurrecteur*, la minute de cet ouvrage est cotée dans la liasse sous les nos 20 à 25 inclusivement ; les cotes 15 à 19 ne contiennent qu'un extrait de cette minute. J'ai fait cet extrait pour me mettre au courant des opérations et pour baser sur cette connaissance l'esprit de mes écrits, n'ayant été appelé par les membres du Comité secret d'insurrection que lorsqu'il était déjà avancé dans la marche de ses opérations.

J.-B. DROUET

Dessin et gravure de Naudé (Collection du Cabinet des Estampes)

Les nᵒˢ 28 et 29 contiennent le commencement d'un projet du nᵒ 44 de mon ouvrage périodique intitulé le *Tribun du Peuple;* le nᵒ 33, un autre projet du même numéro, et les cotes 31 et 32 encore le commencement d'un ouvrage qui n'a pas de rapport à l'affaire pour laquelle on m'interroge. »

IV

Conspiration de Fructidor an IV

Mais avant que le procès ne vînt devant la Haute-Cour de Vendôme, un incident eut lieu qui se rapporte à cette affaire, et dont il convient de placer ici le récit : c'est la tentative faite par quelques-uns des partisans de Babeuf contre le camp de Grenelle, dans la nuit du 10 au 11 septembre 1796.

Les anarchistes ne désespéraient pas encore du succès de leurs complots; les sourdes entreprises des royalistes, les clameurs excitées par les réactions du Midi, sans cesse réprimées et sans cesse renaissantes, les variations dans l'opinion publique, suites de la chute du papier monnaie, l'activité funeste de l'agiotage, et la misère, généralement répandue sur la classe industrieuse, servaient de prétexte à des mouvements attribués tantôt à un parti, tantôt à un autre. Ils préludaient à une entreprise non moins hardie que celle dans laquelle Babeuf avait succombé en floréal. Deux corps de troupes campaient dans les environs de Paris, un dans la plaine de Grenelle, l'autre à Vincennes. Il s'agissait de séduire une partie des soldats, et d'en faire le noyau d'une insurrection semblable à celle du 2 juin 1793, ou du 1ᵉʳ prairial 1795. Ce projet avait fait partie du plan de Babeuf. Non seulement dans les pièces de la conspiration imprimées par ordre du gouvernement se trouve une adresse aux soldats des deux camps pour les exhorter à la rébellion (1)

10-11 septemb.

---

(1) PROCLAMATION AUX SOLDATS DES CAMPS DE GRENELLE ET DE VINCENNES

« Amis, les tyrans pâlissent, ils n'attendent plus que le moment où tout un peuple, indigné des forfaits qu'ils ont commis, va les plonger dans la nuit éternelle de la mort. Soldats de la patrie ! le moment favorable approche, ce moment où, réunis sous le même étendard, nous allons briser pour jamais les fers que des scélérats nous ont trop longtemps fait porter ; nous allons devenir libres et souverains, et l'égalité, cette douce compagne de la liberté, sera la récompense des défenseurs de la patrie.

« C'est vous, soldats, qui allez, pour prix de vos glorieux et pénibles travaux, recevoir les récompenses nationales auxquelles vous avez un si juste droit. La patrie, cette mère de douleur, déchirée de toute part, par les crimes sans nombre mais dans un message du Directoire exécutif au Conseil des Cinq-Cents, lu dans la séance du 23 floréal, le gouvernement annonçait que, sous prétexte de présenter aux guerriers des couronnes civiques, des femmes devaient pénétrer dans les camps; des hommes déguisés devaient les y suivre, et d'autres s'y rendre bientôt après. Des boissons devaient être distribuées, et des libelles contenant toutes sortes de calomnies ou d'atrocités, des libelles déjà faits, saisis chez Babeuf, reconnus par lui dans son interrogatoire, devaient être répandus au milieu de l'ivresse pour consommer la séduction.

Une note enfin aussi insultante pour ces braves guerriers qu'elle était propre à prouver la profonde noirceur des conjurés, une note qui fait partie des papiers dont ce récit est tiré, partageait les soldats français, ces soldats couverts de gloire, en deux classes, l'une de lâches que les Babouvistes espéraient gagner en leur promettant le retour dans leurs foyers, l'autre de scélérats, qu'on appelait des *soldats de métier*, et qu'on devait séduire par l'espoir du butin. Le désordre une fois établi, on donnait aux deux camps l'ordre

de ceux qui nous gouvernent, va sécher enfin ses pleurs; ses maux vont bientôt prendre fin.

« La patrie reconnaissante envers vous, va porter dans le sein de vos familles, désolées la douce consolation que vos pères, vos mères, vos frères et vos sœurs, vos épouses et vos enfants ont le droit d'attendre d'elle. Ces malheureuses familles languissantes depuis longtemps, vont enfin se trouver soulagées des maux qu'elles ont supportés avec tant de courage.

« Et vous, tyrans, tremblez au seul nom du peuple souverain. Ce peuple, si impunément trompé par vous, va reconquérir ses droits que vous avez usurpés : en commettant tant de crimes, vous avez lassé sa patience; la foudre est prête à être lancée par nos soldats républicains, sur vos personnes dégouttantes du sang des patriotes les plus purs. Soldats, frappez les traîtres qui ont couvert la France de carnage et de deuil. Ces traîtres qui ont fait couler votre sang à grands flots, qui ont fait périr de faim des milliers de victimes, qui ont traité avec les chefs des Vendéens, qui ont protégé les prêtres réfractaires et les émigrés, qui ont rendu à ces derniers des biens qui servaient de garantie aux récompenses qui vous étaient promises en reconnaissance des services que vous avez rendus à la patrie,

« Par leur scélératesse, la France n'est plus qu'un vaste cimetière qui reçoit à chaque instant les victimes que les monstres qui nous gouvernent font périr par des raffinements de cruauté. Ici ce sont des hommes vertueux qui ont constamment soutenu les droits du peuple sans-culotte, qui sont égorgés dans les cachots ; là, c'est un père ou une mère qui succombent sous le poids de leur infortune. D'un autre côté, ce sont des événements soi-disant causés par le hasard, tels que les incendies qui se sont multipliés jusqu'à ce jour, tels que le feu de la raffinerie du faubourg Germain, l'explosion du magasin à poudre de Grenelle, de Landeau, de Condé, de Meudon, qui ont moissonné une infinité d'hommes de la classe la plus respectable du peuple.

« Mais je veux épargner à vos cœurs sensibles le souvenir de toutes les horreurs dont la France est couverte depuis le 10 Thermidor, époque à laquelle les plus fermes appuis des défenseurs de la République périrent sur l'échafaud.

« Soldats républicains, si vous ne voulez pas voir se commettre de nouveaux forfaits, il faut marcher de concert avec le peuple pour abattre ces tyrans qui tant de fois ont fait abreuver la terre du sang le plus pur des hommes libres, et la République sera désormais consolidée sur des bases inébranlables, et elle sera une, indivisible et impérissable. »

[22]

de seconder les efforts des brigands, et rien n'arrêtait les massacres et le pillage.

D'autres papiers de Babeuf annonçaient que les conjurés avaient séduit une partie des soldats, et qu'ils avaient pris la résolution de se joindre à la multitude pour détruire le gouvernement. On résolut de tirer parti de cette occasion pour rendre la liberté aux détenus qui n'étaient pas encore partis pour Vendôme.

La nuit du 24 au 25 fructidor (10 et 11 septembre) fut choisie pour l'exécution de ce projet romanesque. Environ sept à huit cents hommes armés de pistolets et de poignards s'étaient rassemblés de tous les coins de Paris dans les cabarets de Vaugirard. Après avoir bu pendant une partie de la journée, ils se forment en colonnes entre onze heures et minuit, et sous la conduite de quelques militaires destitués, ils marchent sur le camp de Grenelle. On assure que, par leurs intelligences, ils avaient séduit plusieurs bataillons à l'aide desquels ils devaient mettre tout le camp en insurrection, mais que trompés par l'état d'ivresse dans lequel ils se trouvaient, et par l'obscurité de la nuit, au lieu d'entrer dans le camp par la barrière auprès de laquelle étaient campés ces bataillons, ils prirent une autre route.

Au surplus, un avant-poste fut surpris et désarmé par eux. Les assaillants disaient aux soldats que le rassemblement qui troublait leur sommeil, loin d'avoir rien de dangereux pour eux, n'était composé que d'ouvriers de Paris, qui venaient pour fraterniser avec les défenseurs de la patrie. On entre dans le camp en chantant ces airs célèbres qui, dans la bouche de nos braves guerriers, jetèrent si souvent la terreur dans l'âme des ennemis de la République. Le soldat plongé dans un premier sommeil se réveille en sursaut; la générale battait dans le camp; chacun courait aux armes sans se donner le temps de s'habiller. Les conspirateurs déconcertés par une réception à laquelle ils devaient cependant s'attendre, s'écrient en tumulte : « Vive la Constitution de 1793! Meurent les tyrans du peuple! » A ce signal auquel on les avait assurés que les soldats en foule allaient se joindre à eux, ils sont poursuivis plus vivement. Quelques-uns tombent percés de coups, d'autres sont arrêtés, le plus grand nombre prend la fuite et se met en sûreté à la faveur des ténèbres.

Une commission militaire chargée de la connaissance de cette affaire condamna à mort plusieurs des coupables, et

les fit exécuter dans le camp de Grenelle. Cette rigueur,
comme presque tous les actes révolutionnaires, fut inter-
prétée au gré des passions diverses. Il est certain que le
gouvernement avait connaissance du complot, et qu'il
pouvait l'arrêter avant qu'il éclatât, ce qui évitait l'effusion
du sang. Mais d'un autre côté, il n'était pas moins impor-
tant d'arrêter, par une action énergique, des conspirations
contre le gouvernement, qui renaissaient sans cesse. Si on
eût saisi les coupables lorsqu'ils ne s'occupaient qu'à
boire et à faire les apprêts du mouvement, ils auraient
répondu avec raison que boire n'est pas conspirer contre
l'État, et, dans l'impossibilité de les convaincre, il eût fallu
leur rendre la facilité de recommencer leurs manœuvres le
lendemain. Le parti qu'on prit en mettant leurs desseins à
découvert justifiait toutes les mesures que pouvait prendre
le gouvernement dans la suite, pour les empêcher de
remuer.

V

[Le procès de Babeuf et de ses complices, dont l'instruc-
tion n'avait commencé qu'en 1796, ne vint en jugement
que dans les derniers jours de février 1797. Les débats
durèrent trois mois. La vanité de Babeuf lui fit accepter le
rôle de grand chef du complot, mais le ministère public lui
interdit toute exposition de ses principes.

Soixante-quatre conjurés comparurent avec lui. Drouet,
dont la qualité de membre des Cinq-Cents avait nécessité le
recours à la juridiction de la Haute-Cour, ne figure pas au
procès : il avait pu s'enfuir à temps.

Le verdict fut rendu le 26 mai 1797. Babeuf et Darthé
furent condamnés à mort; sept accusés parmi lesquels
Buonarotti et Germain furent condamnés à la déporta-
tion; Vadier et les cinquante-six autres furent acquittés.
L'exécution de Babeuf et de Darthé eut lieu à Vendôme
quelques jours après. Tous deux essayèrent de se tuer avec
un poignard, et furent conduits sanglants à l'échafaud.]

P. G.

Le Gérant : Henri GAUTIER.

1565 — Imp. de Vaugirard, G. de M. Dir., 152, r. de Vaugirard. Car. et Vig. Doublet.

Récits des Grands Jours de l'Histoire

(Voir à la page 2 de la couverture les conditions de vente)

VOLUMES EN VENTE *(Suite)*

Autorelieur Gorrilliot

POUR RÉUNIR SOI-MÊME EN VOLUMES LES FASCICULES DES

Récits des Grands Jours de l'Histoire

Prix : 2 Francs

Le nouveau système d'autorelieur que nous avons fait fabriquer pour nos lecteurs, se recommande par sa simplicité et son mode aisé d'emploi. Grâce à lui, la personne la moins habituée aux travaux manuels, un enfant même, pourra réunir en volume les numéros de notre publication.

Nos autorelieurs sont fabriqués pour treize numéros. Il en faudra donc quatre pour une année. Ils sont très élégants, ornés d'une composition de l'habile dessinateur Fraipont, bien en rapport avec le caractère de la publication. Une fois remplis, ils formeront de véritables volumes de luxe, qui mériteront de figurer en bonne place sur la table du salon ou les rayons de la bibliothèque.

Le prix de l'autorelieur est de **2 francs**. On le recevra *franco à domicile*, en ajoutant **0 fr. 30** par autorelieur. Pour les demandes d'au-moins 3 autorelieurs, nous emploierons le colis postal. Le prix du port, quel que soit le nombre, sera donc de **0 fr. 85**.

Indiquer à quels numéros on destine les autorelieurs demandés, afin de recevoir les titres et tables correspondants.

Dans chaque autorelieur, on trouvera une notice indiquant, d'une manière très claire, comment on peut relier soi-même ses fascicules.

Adresser toutes les demandes accompagnées du montant en mandat-poste, timbres français ou valeur sur Paris, à M. HENRI GAUTIER, éditeur, 55, quai des Grands-Augustins, Paris.